컬러링 성경

정형기

3 남겨진 자들

홍성사.

__________ 의 손으로

색칠하다.

오늘 당신의 영혼은 무슨 색깔인가요?
근심 걱정으로 흑백이 되지는 않았나요?

말씀의 치유 시간으로 당신을 초대합니다.
들판의 어린양, 빼곡한 사람들, 다채로운 산과 바다를
당신만의 색깔로 채워 보세요.
집중과 몰입의 순간에 긴장을 풀고 자유를 누려 보세요.

세상을 만드신 하나님의 마음을 느껴 보세요.
그분의 인내와 사랑에 잠잠히 머물 때,
당신의 영혼은 산만한 세상에서도
안식을 누리게 될 것입니다.

따뜻한 차 한잔 마시며,
색칠 놀이 하기 좋은 날입니다.

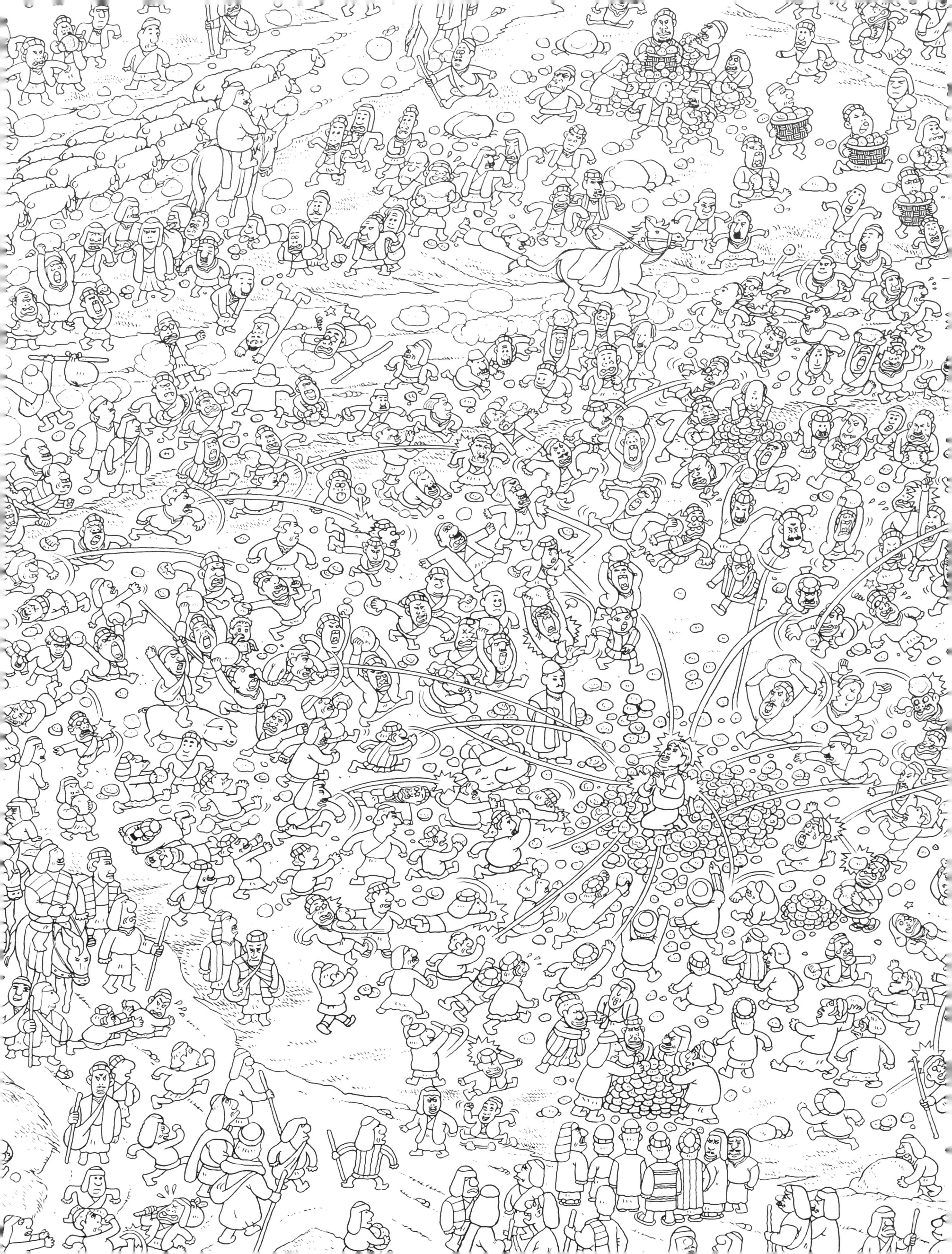

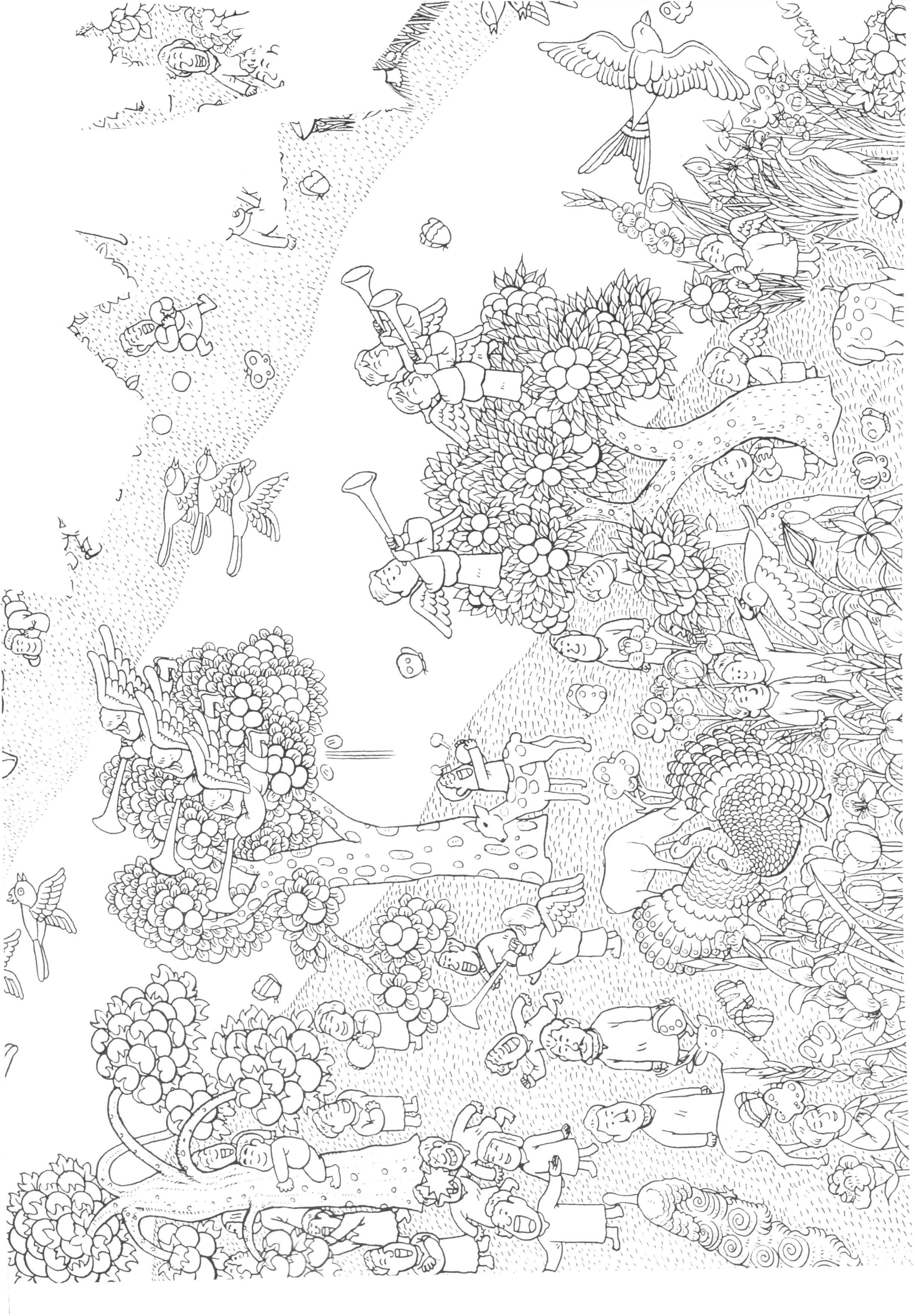

절취선

성경 이야기와 함께 보는

남겨진 자들

Disciples

〈일러두기〉
본문은 표준새번역 성경을 바탕으로 편집자가 재구성한 것입니다.

예수님이 부활하시다

마 28:1-8; 막 16:1-8; 눅 24:1-12; 요 20:1-10

예수님의 무덤에 간 여인들은 찬란한 옷을 입은 두 사람을 보았습니다. "놀라지 마십시오. 예수님은 여기에 계시지 않고, 살아나셨습니다. 그러니 그대들은 가서 베드로와 제자들에게 알리십시오."

베드로가 오순절 설교를 하다 행 2:14-42

베드로는 열한 사도와 함께 일어나서 엄숙하게 말했습니다. "회개하십시오. 그리고 여러분은 각각 예수 그리스도의 이름으로 세례를 받고, 죄의 용서함을 받으십시오. 그러면 성령을 선물로 받을 것입니다."

스데반이 순교하다 행 6:8-7:60

스데반이 놀라운 일을 행하자, 사람들은 그를 성 바깥으로 끌어내어 돌로 쳤습니다. 스데반은 부르짖었습니다. "주 예수님! 내 영혼을 받아 주십시오. 이 죄를 저 사람들에게 돌리지 마십시오."

사마리아에 복음을 전하다 행 8:4-25

사마리아 사람들이 하나님의 말씀을 받아들였다는 소식이 들려왔습니다. 예루살렘 사도들은 베드로와 요한을 그들에게로 보냈습니다. 두 사람은 내려가서 사마리아 사람들이 성령을 받을 수 있게 하려고 그들을 위하여 기도했습니다.

사울이 회심하다 행 9:1-19

사울이 길을 가고 있는데, 갑자기 하늘에서 환한 빛이 그를 둘러 비추었습니다. 사울은 땅에 엎어졌습니다. 그때 "사울아, 사울아, 나는 네가 핍박하는 예수다." 하는 음성이 들려왔습니다.

베드로가 환상을 보다 행 10:1–33

베드로는 온갖 짐승들이 들어 있는 큰 보자기가 하늘에서 내려오는 환상을 보았습니다. 그때 한 음성이 났습니다. "베드로야, 일어나서 잡아먹어라. 하나님이 깨끗하게 하신 것을 속되다고 하지 말아라."

예루살렘 회의가 열리다 행 15:1–21

이방 사람들도 할례를 받아야 하는가의 문제로 예루살렘에서 총회가 열렸습니다. 긴 토론 후에 베드로가 말했습니다. "우리가 구원받는 것은 예수님의 은혜 때문이요, 할례 때문이 아닙니다."

바울이 로마로 압송되다 행 27:1–12

백부장 율리오는 바울과 죄수들을 다시 배에 태우려 했습니다. 바울은 항해의 위험성을 느끼고 말했습니다. "내가 보기에 지금 항해를 하다가는 재난을 당할 것 같습니다." 그러나 백부장은 바울의 말보다 선장의 말을 더 믿었습니다.

재림의 날을 기다리다

마 24:29–31; 막 13:24–27; 눅 21:25–28

그날에 사람들은 예수님이 큰 권능과 영광으로 구름을 타고 오시는 것을 볼 것입니다. 천사들은 큰 나팔을 불 것이며, 땅 끝에서 하늘 끝까지 사방에서 선택된 사람들이 모일 것입니다.

새 하늘과 새 땅을 보다 계 21:1–8

이전의 하늘과 땅은 사라지고, 바다도 없어졌습니다. 하나님은 그들과 함께 계실 것이고, 그들은 하나님의 백성이 될 것입니다. 다시는 죽음도, 슬픔도, 울부짖음도, 고통도 없을 것입니다.

《컬러링 성경》은 총 3권으로 구성되어 있습니다.

1 창조 그 이후

에덴동산을 지으시다 | 인간이 죄를 짓다 | 홍수가 나다 | 바벨탑을 쌓다 | 아브람을 부르시다 | 멜기세덱이 아브람을 축복하다
소돔과 고모라가 멸망하다 | 야곱이 에서를 만나다 | 요셉이 이집트 총리가 되다 | 야곱의 장례를 치르다

2 예수의 시간

예수님의 탄생 소식을 듣다 | 세례를 받으시다 | 중풍병자를 고치시다 | 산에서 가르치시다 | 배 위에서 가르치시다
오천 명을 먹이시다 | 삭개오를 부르시다 | 예루살렘에 들어가시다 | 사형선고를 받으시다 | 십자가에 달리시다

그림 | **정형기**

1989년 〈국민일보〉 만화대상전, 1991년 〈스포츠조선〉 국제만화대상전, 1995년 일본 〈요미우리신문〉 국제만화대상전에서 입상했으며, 1996년 〈중앙일보〉에 '만화 동의보감'을 연재하면서 이름을 알렸다. 당시 시사만화가 아닌 다른 장르의 만화가 신문에 연재되는 것은 예외적인 일이었고 이를 통해 주요 일간지들에서도 만화에 대한 인식을 새롭게 하기 시작했다. 작품으로는 《만화 정신건강》, 《만화 동의보감》(이상 북하우스), 《만화 탈무드》(생명의말씀사), 《그림 사영리》(순출판사) 등이 있으며, 2010년에는 '하나님의 사람들'을 〈국민일보〉에 연재하고 2014년에는 역시 같은 곳에 연재된 '한국의 성읍교회' 기사에 삽화를 그렸다. 현재는 〈기독신문〉에 '기독카툰'을 연재 중이다.
7junghk@naver.com

컬러링 성경 3:
남겨진 자들
Coloring Bible 3:
Disciples

2015. 10. 22. 초판 1쇄 인쇄 2015. 10. 29. 초판 1쇄 발행 **지은이** 정형기
펴낸이 정애주 국효숙 김기민 김의연 김일영 김준표 박세정 박혜민 송승호 염보미 오민택 오형탁 윤진숙 이한별 임승철 정성혜 조주영 차길환 허은
펴낸곳 주식회사 홍성사 **등록번호** 제1-449호 1977. 8. 1. **주소** (04084) 서울시 마포구 양화진4길 3 **전화** 02) 333-5161 **팩스** 02) 333-5165
홈페이지 www.hsbooks.com **이메일** hsbooks@hsbooks.com **트위터** twitter.com/hongsungsa **페이스북** facebook.com/hongsungsa
양화진책방 02) 333-5163
ISBN 978-89-365-1124-1 (04230), 978-89-365-0545-5 (세트)

홍성사.